AF382313

LA FILOSOFÍA DEL KAIZEN

Pequeños cambios con grandes consecuencias

Por Antoine Delers
En colaboración con Brigitte Feys
Traducido por Marta Sánchez Hidalgo

Economía y empresa   50MINUTOS.es

LAS CLAVES PARA EL ÉXITO

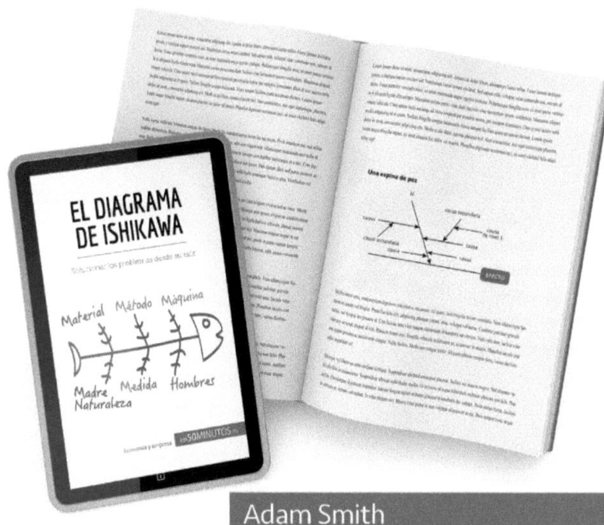

www.50minutos.es

LA FILOSOFÍA DEL KAIZEN

- **¿Denominaciones?** Kaizen, mejora continua, mejoramiento continuo.
- **¿Utilidad?** El método, que se utiliza principalmente en empresas, aspira a mejorar la calidad de los resultados (*outputs*) en una cadena de producción a través de cambios mínimos en la forma de trabajar. Es extrapolable a la vida cotidiana y permite mejoras sencillas y poco costosas.
- **¿Por qué es eficaz?** El Kaizen, que puede implicar a todos los servicios y colaboradores de una misma empresa, es eficaz en la medida en que permite mejorar la productividad y la calidad de los productos producidos reduciendo, por ejemplo, el tiempo de espera y optimizando los procesos de producción. En términos más amplios, ayuda a mejorar las condiciones de trabajo en la empresa.

- **¿Palabras clave?**
  - Mejora continua: concepto posible gracias al uso de herramientas y métodos cada vez más eficaces y más adecuados a la actividad de una empresa. Estos, que se revisan y se optimizan continuamente, conllevan pequeños cambios y nuevas buenas prácticas.
  - Lean Management: método japonés de gestión del trabajo que aspira a reducir el derroche (*muda*), la sobrecarga de trabajo generado por procesos inadaptados (*muri*) y la variabilidad (*mura*) en una empresa.
  - Toyotismo: método japonés general de organización del trabajo que tiene como objetivo optimizar la calidad, reducir los defectos y derroches e iniciar una mejora continua en la empresa. Este tipo de organización del trabajo engloba principalmente el Lean Management y el Kaizen.

El Kaizen apareció en Japón en los años cincuenta cuando un ingeniero, Taiichi Ohno (1912-1990), inventa el toyotismo, una organización del trabajo basada en la reducción de los costes y en la mejora de la productividad y de la calidad del producto. El toyotismo, en su práctica, da origen al sistema de producción de Toyota (Toyota Production System, SPT), que comprende una serie de herramientas para alcanzar los objetivos de calidad, de rentabilidad y de reducción de los costes previamente establecidos. Entre ellos, destacamos principalmente el famoso concepto «justo a tiempo» (JAT o JIT) y el método del Kaizen.

DEFINICIÓN DEL MODELO

El Kaizen es un método de mejora continua aplicable en una cadena de fabricación. Es la contracción de las palabras japonesas *kai*, que significa «cambio», y *zen*, es decir, «bueno» o «mejor». El Kaizen se basa en una adaptación continua de las herramientas y de los procedimientos existentes para mejorar el rendimiento final. Este método, en el que es necesaria la participación de todos los empleados y mánagers, está más considerado un estado de ánimo que un verdadero sistema. Engloba otras herramientas que se pueden utilizar a su vez, como el círculo PDCA o ciclo de Deming, la gestión de la calidad total (Total Quality Management, TQM) o el Single-Minute Exchange of Die (SMED).

El Kaizen, de origen oriental, rompe con el sistema occidental en el sentido de que el objetivo son pequeñas mejoras, no profundas innovaciones. Los cambios aportados son mínimos y continuos y no requieren una inversión sustancial. Finalmente, el método se inscribe principalmente en la cultura de pertenencia propia de las empresas japonesas en las que todos los colaboradores (del director al obrero) se comprometen a realizar con la máxima perfección su trabajo y a mejorar continuamente. Esta concepción del trabajo ha contribuido al enorme éxito de la empresa Toyota.

TEORÍA: PRESENTACIÓN DEL CONCEPTO KAIZEN

LOS ORÍGENES DEL MODELO

Al final de la Segunda Guerra Mundial (1939-1945), Japón está devastado y en bancarrota. Su sistema, que antes se basaba en la conquista territorial y en el poder de su ejército, ya no tiene razón de ser. Japón decide reactivar su economía por medio de la producción.

Un ingeniero de la época, Taiichi Ohno, propone un nuevo método de organización del trabajo, el ohnismo —también llamado el toyotismo por su uso en la empresa epónima—, y define sus bases. Este sistema está considerado un perfeccionamiento del taylorismo y del fordismo, dos organizaciones de trabajo estadounidenses que preconizan la mejora antes que la innovación.

El Kaizen es original en la medida en que precisa de la implicación general de la empresa, desde los empleados hasta los procesos necesarios para la producción de los productos. Todos los miembros deben participar en la fijación de elementos para mejorar la empresa, definidos previamente. El Kaizen suele pasar por la autonomización de pequeños grupos de trabajadores que se reúnen para detectar problemas recurrentes y buscar soluciones. También propone colocar «buzones de ideas» (por ejemplo, un buzón dentro de la empresa) para que los empleados puedan expresar sus opiniones, subrayar los problemas existentes e incluso proponer soluciones. Si se considera que una idea es pertinente, entonces formará parte de un proyecto encomendado a un equipo que se encargará de implantar las prácticas nuevas.

Finalmente hay que recordar que el Kaizen debe repetirse continuamente para funcionar bien. Como no necesita grandes medios, solo produce pequeñas mejoras que, optimizadas a lo largo de los años, permiten mantener una buena competitividad en la empresa y una búsqueda de mejora continua.

LAS APLICACIONES EN EMPRESAS

Como la aplicación del Kaizen se realiza en grupos de trabajo, se trata de un verdadero proyecto en equipo: además de crear buzones de sugerencias y de realizar reuniones semanales, el método también propone crear recompensas para los empleados que propongan las mejores ideas. No obstante, hay que recordar que el Kaizen no es un método que funcione solo, puesto que debe combinarse con otras herramientas para funcionar.

El Kaizen se utiliza en:

- **la gestión de la calidad.** Esta aspira a centrarse en la mejora de la calidad en una cadena de producción, algo indispensable para sacar ventaja a sus competidores y conservar su clientela. En el modelo de calidad total (*Total Quality Management*, TQM), utilizado por el método Kaizen, todos los empleados se implican con el fin de aproximarse a la calidad perfecta, lo que llamamos cero defectos. Desean perfeccionar continuamente sus *outputs*, incluso si la herramienta original ya es eficaz;

La teoría de cero defectos es un concepto que proviene del toyotismo, que propone un producto de total calidad sin ningún defecto. Aunque en la práctica el cero defectos no se puede alcanzar por completo, el verdadero objetivo es instaurar una cultura en la que los colaboradores busquen constantemente un medio para alcanzar la perfección. Este concepto forma parte de otro más amplio, el de los cinco ceros que comprenden el cero intervalo: cero retraso,

- **mejora de la productividad.** La segunda aplicación del Kaizen se sitúa al nivel del aumento de la productividad. De esta forma, una cadena de fabricación puede saturarse en diferentes lugares, contener puestos no productivos o incluso líneas de fabricación muy lentas. En este caso se pueden considerar muchas herramientas. El SMED, que proviene del toyotismo, es una de ellas: pretende reducir el tiempo empleado en el cambio del utillaje que se necesita para comenzar a fabricar otro producto. Esto genera un enfoque Kaizen, puesto que la mejora de la productividad requiere una reflexión común y profunda de los equipos para analizar y racionalizar las operaciones de este tipo. También podemos utilizar otra herramienta, la «justo a tiempo» o JAT. Con este método, todos los productos no acabados deben rematarse y todas las piezas tienen que llegar en el momento adecuado y al lugar adecuados en la cadena de fabricación, lo que permite evitar las interrupciones en la fabricación en caso que falten piezas e impedir que haya grandes cantidades de existencias en espera de fabricación;

- **mejora de las condiciones de trabajo.** El Kaizen permite mejorar las condiciones de trabajo de los obreros y de los empleados optimizando principalmente su entorno profesional. Se trata de una aplicación en estrecha relación con las precedentes, puesto que los cambios relativos a los puestos de trabajo influyen —y mejoran— a menudo la productividad y/o la calidad. Además, trabajar en este sentido permite en particular motivar al máximo a los equipos y reducir los riesgos de accidente. El método de las 5S, que también proviene del toyotismo, responde a esta preocupación, puesto que puede aplicarse directamente en el lugar de trabajo de los empleados y obreros: *seiri* («intentar»), *seiton* («guardar»), *seiso* («limpiar»), *seiketsu* («ordenar») y *shitsuke* («ser riguroso»);
- **reducción de costes.** Finalmente, la última aplicación del Kaizen concierne a la reducción de los costes de fabricación. Deriva de las mejoras aportadas en el marco de una de las tres primeras aplicaciones desarrolladas previamente.

VENTAJAS DE LA FILOSOFÍA DEL KAIZEN

Las ventajas de la filosofía del Kaizen son numerosas. Además de las expuestas antes, que constituyen la esencia del planteamiento del Kaizen —tales como una mejora de la calidad, de la productividad y de las condiciones de trabajo—, encontramos otros puntos fuertes.

- La utilización del Kaizen permite realizar cambios con suavidad en los equipos. Así, los miembros de una empresa no sufren fuertes presiones debidas a los cambios, puesto que la iniciativa de estas modificaciones proviene en su mayor parte de los operadores de las mismas. Como consecuencia, se aceptan con más facilidad, y como los empleados/trabajadores se sienten reconocidos, están más motivados para ponerlas en práctica.
- Las mejoras realizadas a nivel de los puestos de trabajo aumentan la motivación de los equipos en cuestión. Este nuevo soplo de entusiasmo puede inyectarse en una nueva sesión de reflexión de mejora Kaizen. Hay que recordar que la filosofía Kaizen genera una

mejora llamada «continua», lo que necesita de reflexiones todos los días para perfeccionar el procedimiento y el producto.

- El Kaizen proporciona resultados con rapidez. Los equipos, que prueban directamente las pequeñas mejoras, comprueban su pertinencia con rapidez para que el riesgo de implementación de una máquina o de un nuevo *software* sea débil.

- El último lugar, el Kaizen permite responder a la competencia y, por tanto, a la demanda de competitividad de las empresas. Además, lo logra sin usar grandes medios ni inversiones descomunales.

> «Mejorar es cambiar; ser perfecto es cambiar a menudo»[1] (Winston Churchill).

---

1. Cita traducida por 50Minutos.es

APLICACIÓN DEL KAIZEN

Las diferentes fases de implementación del método, agrupadas bajo el nombre de «método Kaizen» o «proyecto Kaizen», son posibles gracias al uso de herramientas relacionadas con el Kaizen que proceden del sistema de producción de Toyota (SPT). Aunque la mayoría ya han sido presentadas, otras vendrán a reforzar el establecimiento del proyecto que proponemos a continuación, además de algunas recomendaciones importantes.

Las cuatro etapas de desarrollo

Primera etapa: Análisis preliminar

↓

Segunda etapa: Elección de los equipos de trabajo y círculos de calidad

↓

Tercera etapa: Aplicación y cálculo de los resultados

↓

Cuarta etapa: *Feedback*

Un proyecto Kaizen es un ciclo de mejora único y muy corto que hay que repetir continuamente cuando el ciclo acabe. La duración puede variar de varios días a un mes de trabajo, puesto que depende de la complejidad de las mejoras buscadas y de las aplicaciones. Por ello, todos los proyectos deben encadenarse con rapidez y, eventualmente, tener lugar al mismo tiempo.

PRIMERA ETAPA: ANÁLISIS PRELIMINAR

En esta primera etapa se realiza un análisis pre-liminar de la situación con el objetivo de poner de relieve los aspectos mejorables. Obviamente, aunque no necesariamente, pueden ser problemas detectados con anterioridad. De hecho, el Kaizen se concentra en la optimización de los procedimientos, aunque *a priori* estos funcionen correctamente, ya que el objetivo es que sean aún más eficaces. Para identificar las causas que impiden a los miembros de los equipos alcanzar una cualidad de cero defectos, puede ser perti-nente utilizar el diagrama de Ishikawa, que se presenta de la siguiente forma:

El diagrama de Ishikawa

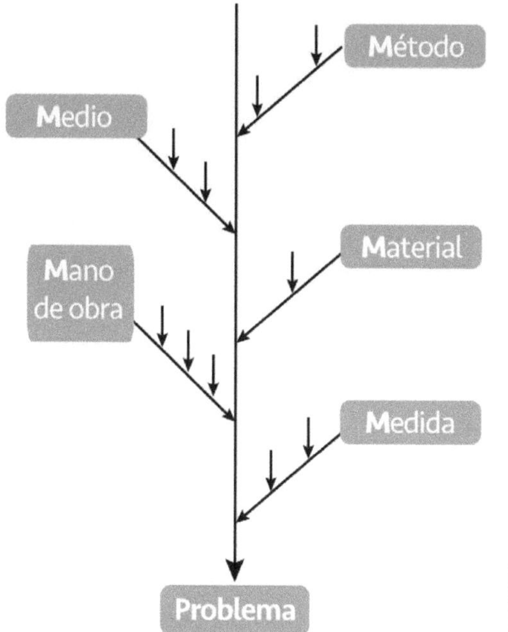

EL DIAGRAMA DE ISHIKAWA

El diagrama de Ishikawa, también llamado «diagrama de causa-efecto», «método de las 5M» o «diagrama de espinas de pescado», es una herramienta de gestión de la calidad introducida por Kaoru Ishikawa poco después de la Segunda Guerra Mundial. Presenta gráficamente las causas del origen del problema (efecto) en cinco ramas: medida, material, método, mano de obra y medio.

Tras la identificación de las causas y de los puntos que mejorar, hay que hacer una lista detallada de la situación actual (mediante medidas, referencias cifradas, etc.) para poderla comparar con los resultados obtenidos después del cambio. Es muy importante comprobar que las mejoras aportadas a los procedimientos son fructuosas, aunque a veces la ganancia puede ser mínima. Según el objetivo perseguido, evaluaremos:

- **la duración de un procedimiento.** En este caso, se estudia el tiempo de fabricación de un producto o el plazo de entrega de un artículo o de un servicio (por ejemplo, una comida en un restaurante);
- **las cantidades producidas.** Lo que aquí nos interesa es el número de productos fabricados. Esta medida se calcula en intervalos de tiempo muy definidos;
- **la tasa de satisfacción.** Es necesario medir la satisfacción antes y después del proyecto

Kaizen, ya sea la de los empleados en su trabajo, la de los clientes en relación a sus pedidos o la de cualquier otro interviniente en el proceso.

- **los residuos.** Se trata de la tasa de derroche y de la cantidad de productos que se tiran (productos que presentan defectos de fabricación, que están caducados o que se han estropeado en la fabricación);
- **el coste.** Aquí se calcula principalmente el precio de coste de un producto.

Finalmente se aplica un plan operacional del proyecto Kaizen. Dado el corto intervalo de tiempo que separa el principio del fin del Kaizen —puesto que debe hacerse relativamente rápido—, esta actividad puede reducirse a un mínimo (en uno o varios departamentos o líneas de producción de la empresa). Esto puede compararse con métodos de desarrollo y de gestión de los proyectos ágiles que consisten en una sucesión de ciclos muy cortos que se encadenan y que dejan entrever rápidamente los resultados intermedios. Por consiguiente, puede considerarse que algunas etapas del proyecto —como la elaboración detallada del plan Kaizen— son superfluas y consumen demasiado tiempo.

SEGUNDA ETAPA: LA ELECCIÓN DE LOS EQUIPOS DE TRABAJO Y DE LOS CÍRCULOS DE CALIDAD

La segunda etapa de un método Kaizen tiene como objetivo formar y preparar a los equipos que intervendrán en el proyecto. El conjunto de los colaboradores debe implicarse un mínimo en la mejora, y delimitar un equipo de proyecto responsable del buen funcionamiento del método es primordial.

La filosofía del Kaizen implica que los empleados y los obreros que trabajan directamente en la cadena y el producto participen en el proyecto, puesto que los miembros más implicados son los que suelen conocer mejor los pormenores de su trabajo. Como estas personas son las más adecuadas para encontrar ideas de mejora, alcanzarán eficazmente los objetivos del Kaizen, concretamente el de encontrar rápidamente medios de perfeccionamiento para generar los menores gastos posibles. Algunos preferirán pedir ayuda a equipos de consultores y de ingenieros externos para ganar en eficacia, pero esto no corresponde en absoluto con la mentalidad del Kaizen.

Entonces, se designa y se forma un equipo de proyecto para la gestión del personal y del cambio, que se encargará de llevar a cabo el proyecto Kaizen a través de la organización principalmente de círculos de calidad, es decir de grupos de empleados o de trabajadores que se reúnen para hacer una tormenta de ideas para debatir y proponer ideas de mejora de los procedimientos. En este sentido, se puede utilizar un mapa mental («mind map» en inglés) para traducir gráfica y sencillamente los frentes de reflexión y las soluciones propuestas.

TERCERA ETAPA: LA APLICACIÓN Y EL CÁLCULO DE LOS RESULTADOS

La tercera etapa se basa en concretizar el proyecto Kaizen. Los equipos aportan directamente los cambios necesarios para las mejoras esperadas en los procedimientos. Como las dos primeras, esta etapa es muy rápida puesto que suele tratarse de pequeñas modificaciones concretas.

Además, se sucede una reevaluación de las medidas previamente recopiladas (a lo largo de la primera etapa). Es importante medir la evolución y el impacto de los cambios para eventualmente volver a clasificarlos. Se puede establecer una tabla de evoluciones para comparar con facilidad los resultados de los cambios implantados con lo que se había planificado inicialmente.

CUARTA ETAPA: EL *FEEDBACK*

Después de las mejoras aportadas, es el turno del *feedback*. El equipo se reúne de nuevo y hace un balance global a partir de los resultados observados. También hay que estar atento a otros dos puntos cruciales:

- **la recompensa para el mejor trabajador.** Es importante designar y felicitar a los empleados/trabajadores que hayan aportado las mejores contribuciones. La idea es animar a los equipos a sumergirse en el ciclo Kaizen incitándoles a superarse continuamente tanto para mejorar el trabajo como para sentirse valorados a nivel profesional;
- **el seguimiento del cambio o *Change Management*.** El equipo encargado del buen funcionamiento del proyecto debe acompañar a los empleados/obreros y comunicarse con ellos para que estos puedan disponer de todos los elementos para que la implementación tenga éxito.

El *Change Management*, o «seguimiento del cambio», engloba todas las prácticas del mánager que permiten el seguimiento y la comunicación de los cambios óptimos en una empresa a todos los niveles jerárquicos. Este acompañamiento es primordial para que todos acepten las novedades. No obstante, hay que señalar que en el caso del Kaizen, los equipos son los que participan en las mejoras; por ello, las aceptarán más fácilmente.

LOS MÉTODOS Y HERRAMIENTAS MÁS UTILIZADOS EN EL MÉTODO KAIZEN

Hay muchas herramientas y métodos que se pueden utilizar en el método Kaizen. Nos limitaremos a los que proceden del toyotismo en general.

- **El SMED** (*Single-Minute Exchange of Die*), la herramienta de análisis de los cambios de calibración o de las herramientas, es un concepto que permite estudiar el tiempo de cambio de las herramientas en cada producción limitándolo a un máximo inferior a diez minutos (el término *Single Minute* no se puede traducir como un solo minuto, sino como «un intervalo de tiempo en minutos compuesto por una sola cifra», entre uno y nueve minutos). El objetivo perseguido es la fabricación de diferentes productos o materias —con distintas características, sobre todo en cuanto al tamaño—, sin dejar de utilizar la misma máquina que se calibrará en cada ocasión.

- **El método de las 5S** comprende las acciones *seiri* («clasificar»), *seiton* («guardar»), *seiso* («limpiar»), *seiketsu* («ordenar») y, finalmente, *shitsuke* («ser riguroso»), y permite una gestión óptima de los talleres, de los espacios de trabajo y del descanso de los colaboradores. Se trata de organizar lo mejor posible los medios profesionales para mejorar las condiciones de trabajo de los equipos.
- **El Kanban** es un término de origen japonés que designa una etiqueta sobre un lote de piezas en una cadena de producción que vuelve a su punto de partida una vez que se utiliza el conjunto de piezas. Se trata de una herramienta que usamos en una producción en sistema del «tirón», es decir, una producción a veces

en espera y a veces activa («cuando se le da el tirón») gracias al Kanban, cuando todas las piezas previamente enviadas se han utilizado.

- **El PDCA**, de *Plan* («planificar»), *Do* («hacer»), *Check* («verificar») y, finalmente, *Act* («actuar»), es un método de mejora de la calidad en ciclo, como el Kaizen.
- **El TQM (*Total Quality Management*)** es un concepto de gestión de la calidad cuyo objetivo es implicar al conjunto de miembros de una empresa en la búsqueda de la calidad, evitando así el derroche y los residuos para llegar al cero defectos.
- **El TPM (*Total Productive Maintenance*)** es un método de gestión proactiva de las herramientas de trabajo en una cadena de fabricación que sugiere que los trabajadores anticipen y arreglen ellos mismos los problemas relacionados con las máquinas que utilizan.
- **El JIT o JAT (*Just In Time* o «Justo a tiempo»)** es un método de gestión de la producción que favorece una organización en la que ninguna pieza (necesaria en la fabricación de un producto futuro) esté almacenada de antemano, sino que todas lleguen al sitio para el que fueron concebidas en el lugar y momento adecuados, en concreto, el de su utilización casi

inmediata. Esta técnica, particularmente combinable con la del Kanban, permite reducir las existencias, puesto que la producción se pone en marcha únicamente cuando hay demanda.

- **Los 5 ceros** es un concepto de gestión de la calidad que proviene del toyotismo. Preconiza la calidad total en una cadena de producción (cero intervalo, cero papel, cero existencias, cero defectos y cero averías).

RECOMENDACIONES

- Como se trata de un proceso continuo, se recomienda no detenerse después de los primeros cambios, sino poner los procedimientos establecidos en tela de juicio sin cesar.
- Como todos los empleados deben participar en los proyectos de mejora continua, la gestión debe asegurarse su motivación, que depende principalmente de la cultura empresarial. Hay que asegurar también un seguimiento atento de los empleados, tanto por los responsables jerárquicos como por el departamento de recursos humanos.
- Como los mánagers y los equipos de proyecto deben asegurar la participación y motivación de todos, es necesario que estén formados

en el Kaizen, en la gestión de equipos, en la gestión de debates en grupo y en el funcionamiento de los círculos de calidad.

- Como es importante fijarse objetivos claros y alcanzables, es necesario evaluarlos rigurosamente antes y después del cambio.
- Como el objetivo es maximizar el resultado, puede ser interesante implicar a trabajadores que tengan diferentes competencias para que cada uno enriquezca el debate compartiendo su propia habilidad.

ESTUDIO DEL CASO: *LE DÉLICE DE TOKYO*

Nuestro estudio se basa en un restaurante japonés llamado *Le Délice de Tokyo*. Es una pequeña empresa familiar donde reina un ambiente nipón apacible, que ofrece comidas para comer allí o para llevar. El restaurante, que lleva abierto varios años, no sufre verdaderos problemas financieros, pero tiene algunas dificultades recurrentes, principalmente en las cocinas. Algunos empleados no están del todo satisfechos con su trabajo y se quejan entre otras cosas del mal ambiente. Los encargados todavía no han intentado solucionar este problema, puesto que consideran que todos los restaurantes tienen este tipo de dificultades. El hijo de los encargados, que aspira a ponerse delante de la gestión del restaurante en unos años, quiere frenar los problemas y mejorar el funcionamiento del establecimiento lo más rápido posible.

El Kaizen está perfectamente adaptado para esta situación, puesto que se trata de corregir problemas menores que hay en el seno de una empresa familiar que funciona bien en su conjunto.

Primera etapa: análisis preliminar del *Délice de Tokyo*

En primer lugar, vamos a analizar los problemas que tiene el establecimiento. Gracias al diagrama de Ishikawa, los encargados consiguen discernir las causas y clasificarlas de la siguiente forma:

Diagrama de Ishikawa con los problemas del *Délice de Tokyo*

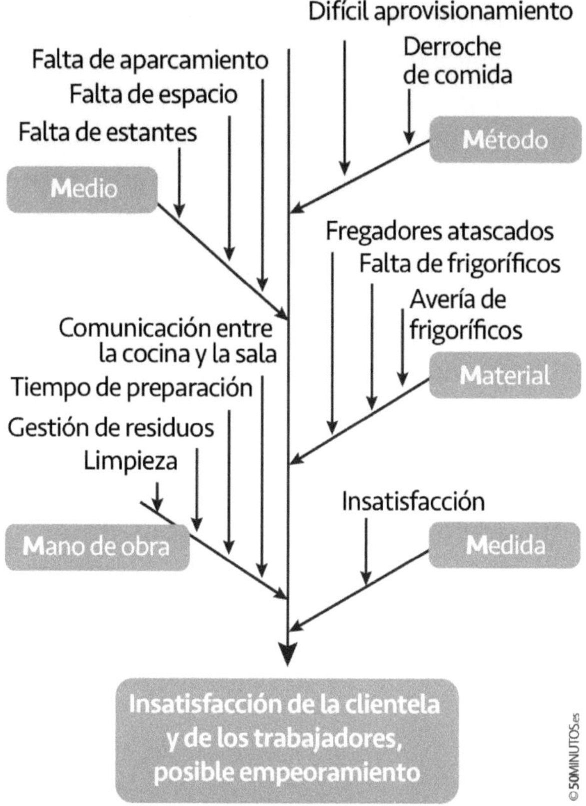

Una vez identificados los principales problemas, se puede comenzar el proyecto Kaizen. Los encargados esperan solucionar el máximo de ellos con el objetivo de mejorar la satisfacción de los empleados, que tiene un impacto en la de los clientes. Por ejemplo, la falta de espacio (determinada en la elaboración del diagrama de Ishikawa) provoca un bloqueo en la cocina, que conlleva esperas en el comedor. El equipo de camareros se ve obligado a demorarse ante la clientela, lo que hace que normalmente aumente la tensión general.

La segunda etapa consiste en medir, tanto cuantitativa como cualitativamente, los problemas detectados para poder comparar más tarde los datos. No se hace alusión a todos en este momento puesto que, por ejemplo, el problema de los fregaderos atascados no puede medirse.

Tabla de los problemas después del proyecto Kaizen

Problema detectado	Tipo de medida	Estado antes de Kaizen	Estado después de Kaizen
Aprovisionamiento	Plazo de entrega	3 días	/
Insatisfacción de los empleados	Tasa de satisfacción	40 %	/
Insatisfacción de los clientes	Tasa de satisfacción	80 %	/
Tiempo de preparación de los platos	Tiempo de preparación	14 minutos	/

Finalmente, hay que realizar un plan de operación del proyecto Kaizen. En este caso se limita a una semana:

- **día 1:** análisis preliminar, cálculo del tiempo de aprovisionamiento y de preparación de los menús, encuestas de satisfacción a la clientela y a los empleados;

- **día 2:** formación del círculo de calidad, tormenta de ideas para obtener las principales ideas de mejora;
- **día 3:** aplicación de las mejoras y cálculo de los primeros resultados;
- **día 4:** aplicación de las mejoras y cálculo de los resultados;
- **día 5:** fin de la aplicación de las mejoras y cálculo de los resultados finales. *Debriefing* de la semana, recompensa al mejor empleado y *feedback*.

Segunda etapa: la elección de los equipos y de los círculos de calidad

La segunda etapa se centra en la elección de los equipos de trabajo. En circunstancias normales, el restaurante solo tiene a los dos encargados, normalmente ocupados en la cocina, dos empleados de cocina y dos camareros. El hijo del encargado se ocupa de la caja, de las pedidos en el restaurante y de los pedidos para llevar. Como todo el mundo está implicado, se reúnen en un solo y único círculo de calidad. El joven ambicioso que ha iniciado el proyecto se forma con la técnica del Kaizen para que este proyecto salga lo mejor posible.

Después de una intensiva tormenta de ideas, el equipo consigue finalmente extraer un conjunto de disposiciones que hay que tomar para mejorar la situación. Por desgracia, no se resuelven todos los problemas, pero se posponen para el siguiente proyecto Kaizen. A continuación mostramos la lista de las soluciones propuestas clasificadas según las categorías del diagrama de Ishikawa.

Tabla de los problemas y de sus soluciones

Problema		Medida adoptada para resolverlo
Medida	Derroche de comida	Utilización de un panel de gestión de las existencias para no volver a pedir lo que ya hay.
	Difícil aprovisionamiento	[Aplazado para el siguiente Kaizen]
Medio	Falta de estantes	Método de las 5S para reorganizar los estantes, añadido de estantes de pared.
	Falta de espacio en la cocina	[Aplazado para el siguiente Kaizen]
	Falta de aparcamiento para la clientela	[Aplazado para el siguiente Kaizen]

Problema		Medida adoptada para resolverlo
Material	Avería de frigoríficos	Método TPM de mantenimiento de la productividad total: los empleados de la cocina se encargan de cuidar, descongelar y limpiar los frigoríficos con regularidad.
	Falta de frigoríficos	Método de las 5S, más orden en los frigoríficos y organización del *Just In Time* en algunos productos para evitar un exceso de existencias.
	Fregaderos atascados	Añadido de un filtro de comida y método TPM para mantener la productividad total: los empleados de la cocina van a limpiar preventivamente los fregaderos con regularidad.

Problema		Medida adoptada para resolverlo
Mano de obra	Insatisfacción de los empleados	Los encargados confían en la solución de los otros problemas para aumentar la tasa de satisfacción de su equipo.
Método	Comunicación entre cocina y comedor	Invertir los equipos entre ellos para que se puedan poner en el lugar de los otros y entender sus problemas.
	Tiempo de preparación	Aprovechar las horas de poca actividad para preparar una parte de los platos más solicitados.
	Gestión de los residuos	[Aplazado para el siguiente Kaizen]
	Limpieza	Método de las 5S para promover la limpieza continua de los espacios de trabajo.

Tercera etapa: la aplicación y la evaluación de los resultados

La tercera etapa es el núcleo del proyecto. Una vez determinadas las mejoras que aportar, hay que aplicarlas. Como no son innovaciones profundas, sino pequeños cambios incrementales, bastará con tres días de aplicación.

Entonces comienza la etapa de evaluación de los resultados. La recaudación de los datos puede llevar varios días. Para simplificar el proceso, en esta parte se presenta una tabla que resume los resultados observados.

**Tabla de los problemas después
del proyecto Kaizen**

Problema detectado	Tipo de medida	Estado antes de Kaizen	Estado después de Kaizen
Aprovisionamiento	Plazo de entrega	3 días	3 días
Insatisfacción de los empleados	Tasa de satisfacción	40 %	70 %
Insatisfacción de los clientes	Tasa de satisfacción	80 %	82 %
Tiempo de preparación de los platos	Tiempo de preparación	14 minutos	13 minutos

Cuarta etapa: el *debriefing* y el *feedback*

Finalmente, *Le Délice de Tokyo* inicia la cuarta y última etapa de su proyecto Kaizen: el *debriefing* de la semana. Los resultados demuestran que la satisfacción de los empleados ha aumentado un 30 %. Recordemos que se trata de uno de los objetivos principales del planteamiento Kaizen. Los restauradores han tenido que dejar de lado algunos puntos mejorables, pero los retomarán en otro proyecto. Así pues podemos esperar que el restaurante se lance lo más rápido posible en otro ciclo de mejora para mejorar continuamente sus servicios.

Cabe destacar que en este ejemplo, aunque el ciclo de cambio y el alcance de las mejoras han sido relativamente poco importantes, no ha habido que añadir ningún acompañamiento a los trabajadores. No obstante, es importante felicitarlos a todos y agradecer al equipo su implicación. Como ya hemos mencionado, la motivación es necesaria para el éxito de los próximos ciclos del Kaizen.

Conclusión

Como hemos visto, el Kaizen puede aplicarse en un ejemplo tan simple como el que hemos elegido. Aunque se trata de un método que se puede aplicar a la mayoría de las empresas, hay que recordar que la cultura empresarial contribuye mucho en el éxito de un proyecto Kaizen.

A pesar de que los problemas detectados eran muy generales y se habrían podido sintetizar en un único problema global de satisfacción de los empleados del restaurante, el diagrama de Ishikawa ha permitido determinar las diferentes facetas del problema: como ha puesto de relieve las causas y, sobre todo, las ha presentado con claridad, este método ha sido una buena base de trabajo. A esto se añade una prioridad de seguimiento de las etapas a lo largo del proyecto para que salga lo mejor posible. Si después de la elaboración del primer proyecto Kaizen han quedado muchos puntos mejorables sin tratar, es posible imaginar soluciones adecuadas en el próximo Kaizen. En el caso de la falta de espacio en la cocina de *Le Délice de Tokyo*, una solución podría ser, por ejemplo, reorganizar los puestos de todos para evitar que los empleados se estorben. Lo importante es recordar que la mejora tiene que ser continua.

LÍMITES DEL MODELO Y EXTENSIONES

PRINCIPALES CRÍTICAS EN CONTRA DE LA FILOSOFÍA DEL KAIZEN

El Kaizen, a pesar de que ofrezca innegables ventas, sufre varias críticas. El principal reproche a este método que favorece la mejora en lugar de la innovación es que no resuelve todos los problemas: perfeccionar continuamente un producto partiendo de lo que ya se ha hecho y modificado no permite inevitablemente corregirlo todo. A veces es necesario comenzar de cero y concebir de nuevo todo el proceso para poder trabajar sobre una base sólida.

Entre las otras críticas realizadas en contra de este planteamiento, las principales son:

- aunque el Kaizen ofrece mejoras con suavidad, hay que desconfiar de los cambios «demasiado» suaves. Si una empresa lleva retraso (a nivel de los productos o de los servicios que ofrece) en relación con sus competidores, las pequeñas mejoras continuas no serán suficientes para recuperar rápidamente las cuotas de mercado. Si un competidor lanza por ejemplo un nuevo tipo de producto revolucionario, será complicado aplicar el Kaizen a productos que se habrán quedado en este momento obsoletos para hacerlos competitivos de nuevo;

- el proyecto necesita mucha motivación y, por ello, la participación completa de las personas interesadas. En Japón, el concepto de cultura empresarial está más desarrollado a este nivel y la relación entre los empleados y la dirección es estricta y formal. El compromiso de los colaboradores es natural, lo que explica por qué el concepto es un éxito allí. Este principio oriental no siempre se puede aplicar en Occidente. Cuando su aplicación es imperativa, puede resultar necesario un programa de motivación por recompensa para asegurar el éxito del proyecto Kaizen;

- finalmente, el Kaizen puede rebatirse desde el punto de vista ético si se aplica de forma desigual. La aplicación del Kaizen en una empresa puede, gracias a la mejora de la cadena de producción, del aumento de la productividad inferida y de la competitividad, ocasionar reorganizaciones internas (despido de empleados, etc.). Hablamos entonces del reparto desigual de las ganancias del Kaizen. Lógicamente, si una empresa es más próspera, tendría que ofrecer una mejor seguridad de empleo; sin embargo, en la práctica suele producirse lo contrario: eliminar los puestos que ahora son inútiles, lo que acaba en el despido de trabajadores o en la asignación de nuevos puestos que estén más adecuados a sus respectivas competencias.

MODELOS CERCANOS DEL KAIZEN

Se suele comparar al Kaizen con otros dos modelos japoneses: el Kaikaku, herramienta de innovación basada en cambios radicales, y el Hoshin, herramienta de implementación rápida basada en el Kaizen. A mayor escala —y con el fin de aclarar en qué consisten exactamente— hablaremos también de otros dos tipos de organización del trabajo: el taylorismo y el fordismo. Estos dos métodos se sitúan en realidad al mismo nivel que el concepto del toyotismo, que retoma la filosofía del Kaizen.

El concepto de Kaikaku

El método Kaikaku —que procede de Japón, al igual que el Kaizen— también es un proyecto de mejora de la calidad. Su nombre, comúnmente traducido por la expresión «cambio brutal» en un proceso (en general de producción para aumentar la eficacia), revela una voluntad de innovación profunda y no de mejora continua. A pesar de que las dos filosofías presenten similitudes (el fundamento de ambas es la mejora), el Kaikaku no es método continuo puesto que los cambios se realizan y finalizan en el marco de un proyecto puntual con un objetivo concreto.

El planteamiento Hoshin

El método Hoshin, que significa «gestión mediante avances», es relativamente parecido al del Kaizen, pero, a diferencia de este, está limitado en el tiempo. El Hoshin, llamado también *Blitz Kaizen* («relámpago Kaizen»), se basa en cambios estratégicos muy concretos que se aplican muy rápido. En la mayoría de los casos, el objetivo es responder en un tiempo limitado a una importante competencia. El objetivo difiere del Kaizen principalmente en el planteamiento de la toma de decisiones que se hace a nivel de gestión y no a nivel de los grupos de empleados autónomos.

El taylorismo

El taylorismo es una organización científica del trabajo originaria de los Estados Unidos, donde los métodos y movimientos de los trabajadores se estudian y miden para optimizarlos. Este sistema, lanzado por Frederic Taylor a finales del siglo XX, antes de que se hubiera conceptualizado el Kaizen, pretende aumentar las ganancias con una optimización de la productividad y de las mejoras de las condiciones de trabajo para los trabajadores. En la práctica, implica que los trabajadores se dediquen a tareas simples, estandarizadas y repetitivas.

El fordismo

El nombre procede del empresario americano Henry Ford (1843-1947). Esta organización de trabajo está basada en las ideas del taylorismo y se aplica en la fábrica Ford desde su lanzamiento hacia el año 1905. Aunque hoy en día esté casi abandonada, en la época aspiraba a la producción en masa de productos estandarizados (como el famoso Ford T), introduciendo un trabajo en cadena y mejorando así la productividad. Las condiciones de trabajo de los empleados de Ford siempre han sido difíciles y poco mejorables; la única fuente de motivación podía ser el salario.

EN RESUMEN

- El Kaizen es un método de mejora continua introducido por Taiichi Ohno, un ingeniero japonés que también es el diseñador de la organización de trabajo llamada «ohnismo» o «toyotismo». Esta filosofía preconiza la gestión de la calidad, la supresión de los derroches y la mejora de la producción.
- El método Kaizen es aplicable en la mayoría de las empresas y permite proceder a rápidas y mínimas mejoras en un plazo de tiempo relativamente corto y con un presupuesto limitado.
- Una de las condiciones de éxito más importantes de un método Kaizen es la motivación y la participación del conjunto de los trabajadores en el proyecto. Los obreros y empleados, a quienes concierne directamente este método, deben ser los principales actores del método Kaizen y de la búsqueda de soluciones apropiadas.

- Las aplicaciones del proyecto en la empresa abarcan las siguientes preocupaciones:
  - la mejora de la calidad;
  - la eliminación de los derroches;
  - la reducción de los costes de producción y de mantenimiento;
  - el aumento de la producción;
  - y, finalmente, la mejora de las condiciones de trabajo.
- El método Kaizen permite aplicar cambios limitados con suavidad, lo que aminoraría la presión que sienten los trabajadores. Se aprecia especialmente la rapidez de aplicación de los puntos de mejora y de la obtención de los resultados. El Kaizen también permite mantener la motivación de los equipos y evitar un máximo de riesgos (financieros y técnicos) al eliminar de entrada las innovaciones largas y, a veces, inciertas. Finalmente, el éxito de un proyecto Kaizen se basa más en la participación activa y en la mentalidad positiva de los colaboradores que en las inversiones financieras.
- Las críticas del planteamiento señalan la falta de innovación en los cambios, la necesidad de una cultura empresarial fuerte y el reparto

a veces desigual de las ganancias del Kaizen (aspecto social).

- El Kaikaku, que significa «cambio brutal» (o radical), es un método que contrasta con el Kaizen. Se centra más en las grandes innovaciones que en las pequeñas mejoras.
- Finalmente, el Kaizen es un planteamiento que necesita otras herramientas para funcionar. Estas suelen proceder del toyotismo y actúan a nivel de la gestión de la calidad, de la logística de justo a tiempo, de la reorganización de los espacios de trabajo o del mantenimiento de las máquinas.

¡Tu opinión nos interesa!
*¡Deja un comentario en la página web de tu
librería en línea,
y comparte tus favoritos en las redes sociales!*

PARA IR MÁS ALLÁ

FUENTES BIBLIOGRÁFICAS

- Chaoui, Kamel. 2004. *Le concept-clé du zéro défaut en qualité*. Annaba: Universidad Badji Mokhtar.

- Charraud, Pierre. 2009. *Le Kaizen du service pièces en concession*. París: Télécom ParisTech.

- Granger, Raphaële. "Les 5S: Seiri, Seiton, Seiso, Seiketsu, Shitsuke". *Manager Go!* Consultado el 26 de febrero de 2018. http://www.manager-go.com/management-de-la-qualite/methode-5s.htm

- Hohmann, Christian. "Kaizen amélioration continue". *Christian Hohmann*. Consultado el 26 de febrero de 2018. http://christian.hohmann.free.fr/index.php/lean-entreprise/lean-management/289-kaizen-amelioration-continue

- Hohmann, Christian. "La méthode SMED". *Christian Hohmann*. Consultado el 26 de febrero de 2018. http://chohmann.free.fr/lean/smed_fr.htm

- Ishikawa, Kaoru. 1984. *La gestion de la qualité*. París: Dunod.

- Kamata, Satoshi. 2008. *Toyota, l'usine du désespoir*. París: Demopolis.

- Liker, Jeffrey. 2012. *Le monde Toyota*. París: Pearson Education.

- LuxInnovation, "Diagramme d'Ishikawa. Diagramme cause-effet", 2008. Consultado el 25 de mayo de 2015. http://www.innovation.public.lu/fr/ir-entreprise/techniques-gestion-innovation/resolution-probleme/080629-Diagramme-Ishikawa-fran.pdf

- Ohno, Taiichi. 1990. *L'esprit Toyota*. París: Masson.

- Ohno, Taiichi y Setsuo Mito. 1992. *Présent et avenir du Toyotisme*. París: Masson.

- Porter, Leslie y Adrian Parker. 2006. *Total Quality Management. The Critical Success Factors.* Bradford: University of Bradford Management Center.

- Processus Qualité, "L'approche Kaizen". Consultado el 26 de febrero de 2018. https://processusqualite.wordpress.com/lapproche-kaizen/

- Régol, Olivier y Paul R. Bélanger. 2003. *Le Kaizen: ses principes et ses conséquences pour les ouvriers et syndicats*. Montreal: Les cahiers du CRISES.

- Henri Ford, "Toyotismo". Consultado el 26 de febrero de 2018. http://www.henryford.fr/fordisme/toyotisme/

FUENTES COMPLEMENTARIAS

- "Michael Ballé: Lean = Kaizen + Respect", video en YouTube, publicado por "InstitutLeanFrance", 20 de agosto de 2012, https://www.youtube.com/watch?v=OfswK6ebrt8

- "Lean services 1/5: origines et bénéfices", video en YouTube, publicado por "InstitutLeanFrance", 7 de agosto de 2013, https://www.youtube.com/watch?v=aRQI9JAI-I4

www.50Minutos.es

ISBN ebook: 9782806276490

ISBN papel: 9782806286024

Depósito legal: D/2016/12603/538

Libro realizado por Primento, el socio digital de los editores